그리움은
나이 들지 않는다

변한 건 세월뿐 마음속 풍경은 그대로입니다.

그리움은 나이 들지 않는다

초판 1쇄 인쇄 | 2025년 07월 25일
지은이 | 윤태환
펴낸이 | 이재욱(필명:이승훈)
펴낸곳 | 해드림출판사
주 소 | 서울 영등포구 경인로82길 3-4(문래동1가 39)
　　　센터플러스빌딩 1004호(07371)
전 화 | 02-2612-5552
팩 스 | 02-2688-5568
E-mail | jlee5059@hanmail.net

등록번호　제2013-000076
등록일자　2008년 9월 29일

ISBN　979-11-5634-640-1

그리움은 나이 들지 않는다

서담 윤태환 시집

변한 건 세월뿐
마음속 풍경은 그대로입니다.

해드림출판사

첫 시집을 내며

골프와 시

사람들은 인생이 골프와 닮았다고 합니다.
처음에는 그립 잡는 것조차 서툴지만,
자세는 점점 나아지고,
결과는 늘 예측할 수 없지요.

시는 저에게 그런 골프 같았습니다.
처음엔 어설펐지만,
쓰다 보니 그린 위에 살포시 내려앉는
문장을 만나게 되었고,
그 맛에 계속 쓰게 되었습니다.
(비거리보다 감성이 중요하더군요).

이 시집에는
OB도, 벙커샷도,
기적 같은 홀인원도 담았습니다.
저만의 라운드 기록이자, 감성의 필드 노트입니다.
버디 같은 웃음,
파 같은 여유,
보기 같은 울컥함이 전해지길 바랍니다.

이제 티샷은 날아갔습니다.
공이 어디로 굴러가든.
감사합니다.

등단의 기쁨

평생 사업을 하며 살아온 내 삶에
시(詩)의 바람이 불어왔다.
예순 중반을 넘긴 나이에
등단은 삶의 새로운 전환점이 되었고,
가슴 한편에 숨어 있던
언어의 씨앗들이 새벽이슬 머금으며
꽃을 피워내기 시작했다.
힘겨운 역경의 순간마다
시를 읊조리며 위로와 용기를 얻었고
끝없는 고뇌와 설렘 속에서

가꾸어 온 문장들은 작은 날개를 단다.
미흡하더라도
나의 시가 누군가의 마음에
바람처럼 잔잔히 스며들 수 있다면
그것만으로도 가슴 벅찬 일이다.
부족한 저에게 詩란 이런 것이고
이렇게 쓰는 거라고 일깨워주시고
등단의 달콤함까지 맛보게 해주신
김용림 선생님께 진심으로 감사를 드린다.

차례

첫 시집을 내며   4
윤태환의 삶과 작품세계   172

1부 시간이 흐를수록

대모산 해맞이	16
양재천	18
쓰임	19
시간이 흐를수록	20
다른 공간, 같은 생각	21
三食이의 하루	22
삶의 여정	24
술잔을 채우는 것은	25
빗줄기	26
비 오는 밤	27
봄비	28
봄	29
보름달	30
별똥별	31
별의 대답	32

바라기	33
망중한 1	34
망중한 2	35
물 안 개	36
때가 있다	37
대모산	38
너처럼	40
너라는 봄	41
너 없는 첫눈	42
가는 年 오는 年	44
가을꽃	45
강남이 땡겨요	46
고향 집	48
구름아	49
그믐달	50
작지만 작지 않은 것	52
답게	53

2부　그리움의 시작

님의 자리	55
눈 덮인 대모산	56
눈 꽃송이	57
처음처럼	58

저 산 아래	59
저 달처럼	60
움트는 너	61
인연 꽃	62
내 인생의 오월	63
오월의 향기	64
오월의 숲	65
파도	66
방파제	68
콩깍지 너머	69
쪽빛 사랑	70
저편	71
유월의 길목에서	72
봄날은 가고	73
너나 나나	74
가고 오면	75
부메랑	76
가을비	78
그리던 별	79
김칫국	80
내 마음속 작은 집	81
내 삶의 변화	82
내 손안에 있다	83

여행, 야호	84
운치 있는 밤	85
여정(旅程)	86

3부 붉은노을

필드 위의 예술가	88
골프친구	89
한탄강	90
잠을 자야	91
비비며 산다	92
붉은 노을	94
벼 이삭	96
무거운 시월	97
밤송이의 시간	98
망고나무	100
상추쌈	102
달력 1	104
달력 2	105
눈송이	106
눈 내리는 아침	107
눈꽃 연가	108
눈(雪)	109

보르네오섬 파도	110
14번 홀 그늘 집 1	112
14번 홀 그늘 집 2	114
아지랑이	115
나뭇잎	116
낮달	117
기다림	118
달빛 아래	119
그 사람	120
그녀의 눈	121
그대는 꽃잎	122
그리움 하나	123
동반자	124
달빛 스민 그리움	126

4부 시간은 가도 그대는 남는다

칠순의 바람	128
천사 꽃	130
당신의 매력	131
가을 하늘	132
코로나19	133
해인사 홍류동 계곡	134
입술	135

까치집	136
사랑을 아는 당신	138
꽃샘추위	139
꽃잎 진자리	140
꽃잎에 맺힌 이름	141
꿈이로구나	142
나는 병, 드는 병	143
너의 걸음으로	144
한계	145
그립습니다	146
기억 속의 고향	148
고향의 2월	150
모내기 날의 기억	151
하늘공원 억새	152
텃밭의 연가	153
길에게 길을 묻다	154
어머니의 세월	156
어머니의 대추나무	158
지진의 공포	162
삿갓의 비극	165
별일 없이 산다	168
별 하나	170

1부
시간이 흐를수록

대모산 해맞이

강추위 속에 방한복과 목도리와 장갑으로
완전 무장을 하고 집을 나선다.
대모산 정상 해발 293m 일출은 7시 47분.
집에서 한 시간 거리 6시 40분 출발.
아직 어둠이 채가시지 않은 시간이라 발걸음이
조심스럽다.

산길에 접어드니 이미 많은 사람들이
모자의 랜턴과 휴대폰 플래시로 어둠을 뚫고
산을 오르고 있었다.
찬 기온에 거친 숨소리가 산길에 울려 퍼진다.
정상에 다다르기도 전에 해가 잘 보이는 자리는 벌써
꼭대기에는 발 디딜 틈조차 없었다.
여명이 밝아오고 저 멀리 산등성이가
붉게 물드는 듯하나 구름 탓에 해는 모습을
드러내지 않는다.

그럼에도 사람들은 남녀노소 없이 두 손을
가지런히 모으고 소망을 빈다.
나도 소망을 빌어야 한다고 했을 때 무엇을 빌까
고민하다가 문득 떠오른다.
국태민안(國泰民安)
대통령이 탄핵되고 국무총리마저 탄핵된 상황.
여와 야 보수와 진보로 나뉘어 첨예하게 대립하고
정국이 위태로운 시국에
나라가 태평해야 백성도 평안하다는 말이 떠올랐다
그 염원을 마음속으로 되뇌며 구름 속에 가려진
첫해를 대신해
새벽 상쾌한 공기를 가슴 가득 마신다.

새해 첫날 아침을 산행으로 시작한 것에 위안 삼으며
천천히 산에서 내려왔다

　　　　　　　　　　　　　　을사년 새해 아침
　　　　　　　　　　　　　　2025. 1. 1.

양재천

이른 아침 산책길에
예기치 않은 비가 내립니다
비를 맞으며 마냥 걸었습니다
걸음걸음 숫자 보다
빗방울 수를 세며 걸었습니다
빗방울 속에 그 사람을 보았습니다
여전히 찐하게 다가오는
그 향기는
내 가슴을 뛰게 했고
어느새 빗방울은
빗줄기 되어 세차게 쏟아집니다
그리움에 젖은
내 마음처럼
길섶 풀잎도 흠뻑 젖었습니다
예기치 않게 다가온
빗줄기 속 그 향기에
가만히 미소 머금고
물길 따라 걸었습니다

쓰임

필통 속
연필과 지우개
쓰임이 다르듯

큰 그릇과 작은 그릇
길고 짧은 막대기
모두 각자의 자리에서 빛난다

손가락도 그렇다
서로 다른 모양으로

시간이 흐를수록

시간이 흐르면
저절로 사라지는 것이 있고
더 단단해지는 것이 있다

나이가 든다고
모두가 어른스럽진 않고
말이 적다고
모두가 지혜로운 것도 아니다

세월은
그저 빈 그릇 하나 내어줄 뿐
무엇으로 채우느냐가
삶의 무게를 만든다

버려야 할 건 가볍게 놓고
지켜야 할 것은 두 손으로 안으며
진짜를 알아보는 사람
그 사람이 시간이 흐를수록 빛난다

다른 공간, 같은 생각

창밖엔 비가 내린다
너는 커피 향에 젖어
무심히 내 이름을 떠올리고

나는 새하얀 종이 위에
너를 그려본다

말하지 않아도 느껴지는
그리움의 잔물결
우리만의 비밀 주파수

보이지 않아도
멀리 떨어져 있어도

우린 같은 생각을 하고 있어
그게 얼마나 따뜻한 일인지
너도 알고
나도 안다

三食이의 하루

"여보 점심밥 주소."
"어휴…!
매일같이 삼시세끼……
꼬박꼬박 챙겨야 하나"

아내의 투정인지 넋두린지
코로나 두려워 마땅히 갈 곳도 없고

하는 일 없이 집콕 방콕 빈둥
그날이 그날

따분하기 그지없어
오늘도 산에 올라
일상의 그리움에 소리 한번 질러본다

매일 반복되는 생활 속
"에고,
저녁에는 또 뭘 해 먹나……"

귀찮음 반
투정 반
툭 내뱉는 한마디
"그래,
저녁밥은 내가 챙길게"

그 한마디에
아내의 얼굴에 꽃이 핀다

삶의 여정

볍씨는 스스로 뿌려지지 않는다
누군가의 손끝에서 흙 위에 놓일 뿐
한 뼘 키를 재면
그 자리는 머물 곳이 아니라
떠나야 할 땅이 된다

익숙함을 등지는 건 두렵지만
성장을 위한 조용한 이별.
다시 뿌리 내린 새 땅은
흙냄새부터 낯설고 물맛도 다르다

그러나
햇살은 어디서든 따뜻했다
나는 한 알의 볍씨처럼
옮겨지고 견디고

마침내
황금빛 이삭이 되어
바람 속에 속삭인다

술잔을 채우는 것은

어둑해지는 창밖에
비는 내리고

모처럼 마주한 반가움에
주거니 받거니

술잔도
분주히 오간다

마주 앉은 사람이 술을 절반을 채우고
나머진 자기 마음이란다

술기운이 적당히 온몸을
휘감아 오니

술잔 속에 그 사람 마음은 간데없고
잔 안 가득
너의 향기뿐이구나

빗줄기

토닥토닥 내리는
빗줄기들을 다 이으면

내 마음은
어디쯤에 닿을까

빗줄기 따라
웅덩이를 채우고 철철 넘치고 넘쳐

빗줄기 따라
강물에 닿고 또 바다에 닿으면

빗줄기 따라
내 그리움이 이어질까

비 오는 밤

나는 비를 맞고
비는 나를 감싼다

젖은 골목을 걸어서라도
그대를 만날 수 있다면
얼마나 설렐까

밤새
귓가에 흐르는
그리움 같은 빗소리

비는
조용히 내 이름을 부른다

같이 맞자고
같이 걷자고

봄비

간밤을 적신
봄비에
목련 나뭇가지 끝마다
연둣빛 봉우리들이 도드라진다

아파트 화단 한 편
분주해진 경비아저씨의
손길을 따라 흙 내음이 퍼지고

겨울이 아무리 완강해도
결국, 봄을 막을 수 없듯,
모든 존재는 시간의 흐름 속에서
되돌아 치며 깨어난다

나 또한 묵은 외투를 벗고
새로운 아침을 맞이한다

봄

봄꽃이 만발하니
설렘은 맘껏

그 마음 벌 나비 되어
날고 싶지만

피어나는 꽃은
본체만체 시큰둥

설레는 내 마음
뉘에게 전할꼬

보름달

한가위 밝은 달아
님을 닮은 둥근 달아

미소가 예쁜 고운 달아
수줍어 구름 안고 숨은 달아

삼라는 고요한데
달빛만이 분주하다

스며드는 달빛 속에
너의 향기 가득하여

이 밤도
달을 보며 너를 본다

별똥별

수많은 별 중에
유난히도 반짝이며
내 눈과 마주치더니

어느새
내 심장 깊은 곳에
불꽃처럼 반짝이더라

별의 대답

당신은 별입니다
영혼이 맑아 빛마저
아름다운 별

말없이 빛나는 그 별
밤이 깊을수록 선명해지는
별똥별 하나

바람도 멎은 창밖을 보며
당신의 이름 가만히
불러 봅니다

대답 없는 밤하늘에
눈물처럼 흐르는 별의
궤적만이

내 그리움을 대신해
속삭입니다

바라기

너는 해바라기
나는 님 바라기

너는 햇살 속에 웃고
나는 그리움의 저녁을 맞는다

바라보는 일엔 익숙하지만
해는 저물고

너는 내일을 향해
다시 피어나고

나는 어제에 머물러 손을 내민다
말없이

망중한 1

소파에 기대어
텅 빈 하늘을 바라본다
하루가 뿌려놓은
소음이 잠시 멈춘 틈

아스라이 구름 한 점
느긋이 다가오고
그 위에 너를 덧그린다

오뚝한 코
미소 머금은 두 눈
올라간 입꼬리까지 그려 넣자

구름은 말없이 흩어지고
또다시
빈 하늘과 마주한다

망중한 2

창밖 햇살은
봄볕처럼 화사한데
앙상한 가지들은
아파트 사이
차가운 골바람에 거칠게 흔들린다

그 거센 흔들림 속에서도
새순은 조용히 잉태되고
삶은 보이지 않는 뿌리에서
느리게 자라난다.

나뭇가지가 바람에
흔들리듯
머릿속도 끊임없이 물결친다
쉼 없이 피어나는 생각들로

물 안 개

양재천 물길 따라
모락모락
순백의 물안개

바람결에 흔들리며
예쁜 사랑도 그려내는
캠퍼스 위의 화가인 듯하구나

때가 있다

아침 햇살에
입을 여는 나팔꽃
달빛 머금고
피어나는 호박꽃

봄이면 봄꽃이
가을이면 국화가
제철의 숨결 따라
피었다 지듯

꽃마다
자기만의 때가 있다

사람도 그러하다
자기 자리에서 빛나며
한 줌 향기
긴 여운을 남긴다

대모산

봄 기온이 짙어지니
산속엔 소리도 색깔도
어제와 또 다르다

오르다 숨차면 걸터앉아
뾰족뾰족 돋아난 새순들을
살며시 건드려본다

졸졸 흐르는
물웅덩이엔
참개구리 알들이 가득

풀 내음
흙 내음
새소리 따라

큰 숨들이 마시며
하늘과 짝꿍 되어
산 기운에 흠뻑 젖는다

너처럼

봄바람 불어오니
우리 집 화단에
꽃들의 수다가 시작되었다

내가 좋아하는
목련도
가지마다 꽃 보따리

할 말이 많은지
보따리가
참 크구나

큼직한 꽃 보따리 터질 때면
잇몸까지 드러내고
함박웃음 짓겠지

너라는 봄

봄은
바람으로 오고
향기로 스며들어
어느새 마음 한쪽에 꽃으로 피어난다

너는
조심스레 설렘으로 다가와
사랑으로 머물더니
다시
봄이 되어
그리움으로 나를 흔든다

너 없는 첫눈

첫눈 오는 아침
나뭇가지마다
꽃도 아닌 것이 하얗게 피었다

첫눈은
첫사랑의 편지처럼
소리 없이 내게로 왔다

눈송이마다
숨겨진 속삭임이
깃들고

스며들 듯
녹아 사라지는
그 눈빛은 떠났지만

내 안에서
조용히
잔향처럼 머물러

또다시
그 계절의 문턱에서
네 이름을
입안 가득 불러본다

가는 年 오는 年

가더라
내 뜻이 아니어도
미련 없이
용용(龍龍) 비웃음 뒤로 한 채

너도나도 보내야만 하는 것
보내니 언제나 또 오더라

오는 년은 푸른빛 뱀이라
슬기롭고 지혜롭다 하니
살며시 손 내밀어본다

을사년 아침
말 많고 탈 많았던
용의 해를 뒤로하며

가을꽃

어제
가을 햇살이
꽃잎을 깨운 듯
유난히 반짝이더라

찰칵, 찰칵.
왜 자꾸 찍느냐고 묻길래

그냥
너를 닮아서
라고 했지

강남이 땡겨요

허허벌판 위에 솟은 도시, 강남
논밭을 스치던 바람은 사라지고
이젠 빌딩 숲 사이로 자본의 바람이 스민다

직선으로 뻗은 테헤란로에
금융과 벤처의 심장이 뛰고
돈과 기회의 숨결이
끊임없이 흐른다

밤과 낮이 겹쳐진 거리
대낮처럼 밝은 불빛이 어둠을 밀어내고
각자의 꿈을 좇는 발걸음이
교차로 위에 얽힌다

K팝, 패션, 욕망의 뜨거운 열기 속에서
강남스타일은 세계를 물들이고
오늘도 나는 강남을 꿈꾼다

고향 집

바깥마당 모퉁이
이맘때쯤 간식을 내어주던
아름드리 감나무

너도 늙어 고목이 되었건만
아침햇살 머금은 잎사귀는 유난히도 번들거리며
어머니의 향수를 진하게 전해준다

어린 시절
멱을 감고 놀던 냇가
물안개 자욱하고

큰길 건너 들녘엔
무더운 여름 잘 이겨낸 벼들이
황금빛으로 들판을 가득 채워 주인을 기다린다

대청마루에 크게 누워 천정 보니
서기 一九六九年 十月 十五日 상량
선명한 글씨가 눈에 들어온다

구름아

파란 하늘 위 높고 낮은 구름아
너는 하늘에서 나는 땅에서

앞서거니 뒤서거니
엎치락뒤치락 제각각 흘러간다

삶도 그와 같아
저 하늘에 구름처럼 세월 따라 흐른다

서로 어디로 가고 있는지도 모른 채

너는 바람 따라 나는 세월 따라
방향계도 없이 잘도 간다

구름아 내 인생아

그믐달

먼동이 트는 새벽길

빨간 미등이 꼬리를 물고 바삐 달린다

동녘 하늘에 나지막이 걸려있는

샛노란 그믐달

살포시 미소 짓던
첫사랑의 입술 같아
그믐날 해뜨기 전에
잠시 왔다 가지만

이내 가슴에는
오래오래 머물러 있네

작지만 작지 않은 것

크기는
언제나 눈에 보이는 것으로만
가늠할 수 없다

말 한 조각
스치는 눈빛 하나가
문득
마음의 결을 흔들기도 한다

혀끝에서 가볍게 떨어진 말이
누군가의 가슴에는
울림이 되고
지울 수 없는 흉터가 되기도 한다

삶은
그 작은 것들의 파문 속에서
가장 큰 진실을 깨닫는다

답게

봄
여름
가을 겨울

어디서 무엇을 하던
아는 만큼
가진 만큼

분수에 맞게
너는 너답게 나는 나답게

2부
그리움의 시작

님의 자리

어제도 오늘도
해님은 거실 깊숙이 스며듭니다

해님이 머물다간 자리
소파에 앉아보니

님의 온기가
아직도 남아 있네요

내일
다시 찾아올 님을 위해
그 자리를
고이 비워 두렵니다

눈 덮인 대모산

뽀드득 뽀드득
눈 덮인 산길

산까치 한 마리
먹이를 찾아 하얀 숲을 헤집고

산 중턱 고찰의 낡은 기와 위로
스님의 염불 소리

눈을 머금은 산바람이
내 뺨을 에이듯 스치고 간다

눈 꽃송이

눈이 내린다
큰 눈 꽃송이가
스산한 바람 타고
살랑대며 내게로 온다
어느 눈송이에
너의 소식 들어있을지 몰라
두 눈에 가득 채운다

눈송이만큼이나 수많은 추억들
그리움 되고
"나 좋아해"라고 귀엽게 속삭이던
너의 목소리 아직도 귓가에 맴도는데

아파도 말 못 하고
손바닥 비벼 눈물 닦던
너의 모습 떠오를 땐
내 가슴 미어지고
그리움은 어느새 눈물 되어
두 뺨을 적신다

처음처럼

서툰 미소
어색한 눈 맞춤
우리는 낯선 설렘이었지

시간이 흐르고
계절이 옷을 갈아입고
달력이 수십 번 넘겨졌지만

그 첫인사의 떨림은
아직도 내 가슴에 머물러
지금도, 처음처럼 그대로야

저 산 아래

봄이 오는 소리에
도봉산 큰 바위가 성큼
다가온다

산자락에 곱게 핀 산수유도
꽃 내음 기다리는 나에게
할 말이 있는 듯

저 산 아래
그녀가 산다

저 달처럼

앙상한 가지 끝에
떨어질 듯
그러나
끝내 머무는 저 달처럼

너를 향한 내 마음도
그 끝에 걸려있다

바람결에 떨리는
그리움으로

움트는 너

봄이 기지개를 켜자
아지랑이 너울대며 다가온다
바람도 간질이며
내 안에 너를 흔든다

풍년화 산수유 저마다
살아있음이 기쁜 듯
햇살에 기대어 피어난다

어디에 숨어 있었을까
긴 겨울을 견디고서야
이제야 연둣빛으로 말을 건넨다

동이 트는 창가에 앉아
봄보다 먼저 움트는
너를 바라본다

인연 꽃

인연아, 인연아
내 창에 내려앉은
꽃잎 같은 인연아.

봄바람에 피어나
별 틈 사이를 건너
달빛 머금은 향기로운 꽃이여

세월을 넘어 또 넘어도
시들지 않는
내 고운 인연아

내 인생의 오월

푸르다 풋풋하다
생동감이 넘친다

온갖 수식어로
찬양 받는 오월

내 인생의 오월은
언제였을까.

삼십 대? 사십 대?
아님 오십 대?

돌아보면 그 모든 시절도
기억 속의 오월 일뿐

아무리 곱씹어봐도
내 인생의 오월은 바로 지금이다

오월의 향기

오월이 오면
내가 사랑하던
아카시아 꽃이 어김없이 핀다
뒷산 언덕
달빛을 따라 내려오는
그윽한 향기에
마음을 빼앗기고
밤을 지새운 날이 한두 번이던가
비바람 치던 날
꽃잎 하나
말없이 내 손등에 내려앉고
그 순간
너의 숨결이 살며시 스친다
어제 본 얼굴 같이
그리움도 설렘도
가슴 시린 추억도
꽃잎 흩날리는 오월이면
그날 기억이
가시 돋친 향기로 심장을 찌른다

오월의 숲

싱그러운 오월
생동감이 넘치는 오월
연두 빛 아름다운 숲
그러나
오월의 숲은 고요하지 않다
숨바꼭질하던 산새들
둥지마다 알까기 분주하고
까투리도 알을 품는다
곁을 지키던 장끼는
고라니 발소리에 놀라
꿔~엉 꿩 목청을 높이니
고라니 한 쌍 뜀박질 바쁘다
오월의 숲은 신비롭다
졸졸 웅덩이에 산개구리
올챙이가 까만 꼬리를 흔들고
새소리 풀벌레소리는
어디선가 듣던 세레나데를
연상케 한다

파도

거세게
때로는 조용히
방파제에 부딪혀
하얀 포말로 부서지면서도
끊임없이

그 너머엔 무엇이 있기에
무엇을 얻고자
그토록 애타게
방파제를 넘으려
부딪히고 부서지고
또다시 밀려오는가.

마치
의지가 있는 것처럼
나보다 더 절실해 보인다

_서귀포에서

2부 그리움의 시작

방파제

너는 무엇을 지키려 하는 가
거센 파도가 덤벼도
묵묵히 그 자리를 지킨다

폭풍이 몰아쳐도
봄바람이 속삭여도
거품 물고 달려드는 파도를 맞으며
너는 여전히 그 자리에서
그 너머를 감싸 안는다

그러나 방파제는
자신을 위해 존재하지 않는다
그저 파도를 막을 뿐
바다는 여전히 출렁인다.

어쩌면 너는
지키는 것이 아니라
그저 서 있을 뿐일지도

콩깍지 너머

비 내리고
바람 지나간 뒤
달도 숨은 까만 하늘에
별빛이 쏟아진다

내 눈에 낀 콩깍지는
여전히 두껍고
습기 머금은 안개처럼
그 별빛을 가린다

별똥별 하나
긴 숨을 토해내듯
조용히
내 가슴에 내려앉는다

쪽빛 사랑

쪽빛 하늘
쪽빛 바다

뒤엎어진 하늘 바다
조각구름 여유롭다

쪽빛 물든 화선지에
예쁜 얼굴 그리고
내 사랑 불어 넣어

내 마음 안아주는
쪽빛 사랑 찾아

하늘 바다 맞닿는
저 너머로 띄워 보내련다

저편

진달래 터진 뒷산 너머로
우윳빛 아카시아 향기
골골이 스미고
유월의 밤꽃 냄새는 자욱이
골목길 어지럽히며 지나간다

이웃 할아버지 옆집 할머니
꽃잎처럼 저편으로 날아 가셨다네

마루 끝에 앉은 우리 할머니
붉게 물든 하늘을 오래 바라보다
나직이 말씀하셨다

"이제는, 내 차례인가…"

나는 그 말끝을
저녁 바람 속에 고이 묻었다

유월의 길목에서

오월과 유월
연두와 초록

그저 색깔로만
구분 지어도 될까

휘리릭 바람결에
청춘을 보내고
비로소 욕심이 인다

연두는 과욕이고
초록이고 싶어라

봄날은 가고

봄 꽃 향연이 시든 자리에
석양의 그림자 길게 드리우고
바람은 저녁 빛에 섞여
너의 이름을 흘려보낸다

손끝에 잠시 머물던 온기는
이제 풀잎 아래 숨어버렸고
입술 끝 맴돌던 말들은
꽃잎 되어 흩날린다

봄날은
그리움의 또 다른 표정
가고 나서야
비로소 더 깊어지는

그 짧은 계절이 남긴 건
사라짐이 아니라
끝내 지워지지 않는 빛이었다

너나 나나

출렁이는 뱃살
단단한 근육으로
채워보려 걷고, 뛰고

각기 다른 헬스기구 위
남녀, 세대 구분 없이
거친 숨을 내쉰다

가끔 힘에 겨워
새어 나오는 신음소리
어쩐지 애잔하다

너나 나나
구구 팔팔
건강하게 오래오래

밀고 당기고
진땀으로 온몸을 깨운다

가고 오면

두둥실
하늘에 뭉게구름 띄우고
가을이 온다

귀뚜라미 어깨에 올라
느긋하게 다가온다

끝내 버티던 매미는
자연의 순리에 귀 기울이며
마지막 울음을 남기고
사라진다

잘 가거라
가는 것이 너뿐이더냐

오고 가는 사이
세월도 어느새
저만치 가는 것을

부메랑

툭
무심코 던진
농담 한마디

"지금 죽어도 호상이야"

술잔 위의 웃음처럼
바람 따라 흩어졌다

그날도
그 말도
잊고 지냈다

어느 날
다른 사람의 입술에서
그 말이 그대로 돌아왔다

웃는 척했지만
가슴 어귀에
서늘한 바람 한 줄기

그제야 알았다
말에도 궤적이 있다는 걸

공중을 휘돌다
돌아온 말
내 가슴에 조용히 박힌다

가을비

엊그제 내린 비는
곱게 물든 단풍을 데려가더니

간밤엔
낙엽마저 말없이 사라졌네

가을이 떠나는 건
어쩔 수 없지만

내 마음만은
그냥
남겨두고 갔으면 좋으련만

그리던 별

별똥 하나
긴 불꽃이 곡선을 그리며
오작교 너머 물안개 위에
가만히 내려앉는다

밤하늘에만 빛나던
그 별이

오늘은 한낮 햇살 속에서도
살며시 피어나

기억의 미로를 돌아
내 눈동자 깊은 곳에서
여전히 반짝인다

김칫국

마음이 앞선다
눈앞에 아른거린다
구수한 시루떡 향수에
알싸한 김칫국 한 사발

아직 떡은
내 앞에 오지도 않았건만
김칫국부터 마셨다

조급한 마음에
떡의 참맛을 놓쳐 버린다

삶의 떡 또한
그렇게 놓치지 않기를

내 마음속 작은 집

네 가슴 언저리에
작은 집 하나
지어도 될까

햇빛이 들지 않아도
이끼 자라는
그늘이어도 좋아

내가
고개 숙인 채
쪼그려 앉을 수 있다면 충분해

언제나
네 숨결 머무는
바로 그 자리에

내 삶의 변화

매일을 휴일처럼 살아보니
바쁘게 사는 걸
더는 미덕이라 여기지 않아도 되고
금세 잊힐 명함을
더 이상 모을 이유도 없다

휴대전화에 목매지 않아도 되며
바쁠수록 만족한 척 연기하지 않아도 된다
얽히고설킨 관계들에
애써 나를 끼워 넣지 않아도 되니
백수가 되고 나서야 알았다

오라는 곳은 없어도
눈길 가는 곳은 많아지고
시간의 주인은 나라는 것을

내 손안에 있다

나의 기억도
나의 추억도
나의 사랑도

내 손을 펼치면
나의 모든 것이
세상의 모든 것이 보인다

내 손을 펼치면
세상 돌아가는
모든 소리가 들린다
은밀한 속삭임까지도

휴대폰
내 손안에 있다

여행, 야호

은근한 설렘이
밤새 마음을 흔든다
제주에서 누릴 멋진 하루를
그리며 공항으로 달린다

차창 너머로 밀려드는
상쾌한 아침 바람이
애무하듯 온몸을 스치고

눈앞에 펼쳐질
쪽빛 바다가
"어서 오라" 손짓한다

행복이 별거더냐?
야호~~!
화답한다

운치 있는 밤

서귀포 한적한 시골 마을
오래된 민가를 개조한 작은 펜션

마당 한편
유자나무 가지마다
노란 열매가 밤을 밝힌다

바다 향에 이끌려
거닐던 발걸음 돌아오니

유자나무 아래 작은 욕조에
달빛이 고요히 내려앉았다

고급 호텔의 세련된 화려함보다
낡은 돌담과 어우러진 밤의 정취가

더 정겹고
더 낭만적이다

여정(旅程)

백설을 이고 선 저 소나무
힘겨워 흘린 땀방울
솔잎 끝 고드름 되어 빛나고

백발 아래 패인 주름
인생길 훈장 되어 반짝이네

너도 가고 나도 가는
윤회의 그 길 위에

백설은 햇살 받아 반짝이고
백발은 세월 품고 빛난다

3부
붉은 노을

필드 위의 예술가

골프에 진심인 사람
한 샷 한 샷 정성을 다하는 사람
잔디 위에 서면 눈빛이 빛나고
바람의 속삭임마저 읽어내는 사람
때로는 단 한 번의 스윙으로
동반자에게 기쁨과 여운을 남기는 사람

공이 엉뚱한 곳으로 날아가도
"그건 전략적인 샷이지"
삶의 예측 불가능마저
여유로 받아들이는 사람

말 한마디 몸짓 하나에도
재치와 유머로 넘쳐나는 사람
그 사람
함께하는 순간마다
별처럼 빛나는 필드 위의 예술가

골프친구

석양에 물든 노을처럼
우리의 삶도 이렇게 물들어 가네
흰머리 사이로 스미는 바람 그대와 함께하는 골프

처음 나눈 인사는 서툴렀지만
흰 공이 인생처럼 둥글게 구르고 그린 위에서 나눈
눈빛은 세월을 넘어 교감의 언어가 되었네

늘그막에 만난 우리
걸음은 느리지만 그만큼 이해는 더 깊어지고
서로의 손끝에 담긴 온기는 새로운 우정을 싹 틔운다

타국에서 함께한 인연
아티타야 잔디 위에 남긴 발자국들은
세월을 초월한 우리의 흔적
우리들의 이야기
내년 후년에도 이어가길

한탄강

천년의 세월을 품은 강물은
말없이 흐르고

깎아지른 절벽 사이로
굽이치는 주상 절리

곡예 하듯 이어지는 둘레 길에
잊혀진 시간이 펼쳐진다

층층이 쌓인 검은 바위
우뚝 솟아난 돌기둥과 기암괴석
세월이 빚어낸 신비에 탄성이 절로 난다

저 멀리 명성산을
넘어오는 소슬바람이
궁예의 허망한 그림자를 싣고
강 협곡을 넘나들고
역사는 이 강을 따라 또 다른 이야기를 낳는다

잠을 자야

잠을 자야
너를 본다

너와 무관하게
하루의 틈마다
불쑥, 불쑥 스친다

보고파
가슴 저린 것도
잠을 자야 낫더라

비비며 산다

미나리 고사리
나물도 제각각
사는 것도 제멋대로

쓴 나물 단 나물
좋은 날도 짜증나는 날도 있다
눈물로 간 맞춘 날도 있었다

숨이 꺾인 채 눌린 나물처럼
나도 그렇게 웅크릴 때가 있었다

고추장은 선택
맵게 살 것인가 심심하게 살 것인가

"에라 모르겠다"
고소한 참기름 한 바퀴 두르고
숟가락과 젓가락으로 쓱쓱 비빈다

그러다 보면
어? 맛있네
어라, 살 만하네

인생도 비빔밥처럼
뒤섞여야 맛이 난다
안 비비면 그저 밥에 나물일 뿐

붉은 노을

사랑하니까
꽃이 되어 피고

그리워하니까
향기가 되어
가슴 깊이 스민다

아파하지 않을 사랑이
어디 있으랴

한때는 설렘이었고
한때는 너의 웃음이었으며
어느 날은 창가에 맺힌 눈물이었지

지나가는 세월이 인생이라면
스쳐가는 바람은 추억이리니

그리움은
새벽 풀잎 끝에 맺혀
이슬로 나를 적시고

치앙마이에 붉게 타는
저녁노을은
잠든 심장을 두드리며 한 사람의 이름을 불러낸다

벼 이삭

무엇이 고개를 숙이게 했을까
한낮의 불꽃같은 뙤약볕 아래서도
꼿꼿이 서 있던 그 이삭이

맑고 파란 하늘이 다독였을까
선선한 바람이 속삭였을까

익어갈수록 더욱 깊어지는 무게
농부의 정성이 고개를 숙이게
하였을까

무거운 시월

엊그제 찾아온 시월이
만산홍엽 물들여 놓고 떠나갔습니다

비통하고 허망하게
숨 못 쉬는 밤을 남기고 시월은 갔습니다

아까운 청춘
어찌하오리
젊은 영혼
어찌하오리까

이태원 골목길에
고인의 명복을 비는
국화 한 송이 남겨두고

시월의 마지막 밤은 떠나갔습니다

밤송이의 시간

그윽한 향기
저물 무렵
가시 옷 입은 밤송이
서서히 부풀어 오른다

그 안에
밤알 하나
말없이 익어간다

어느 날
단단해진 그 알은 가시 돋친 껍질을 찢고
울컥
세상 밖으로 나와

툭
떨어진 그 자리에서
기억은
씨앗이 되어
또 다른 숲을 틔운다

망고나무

2025년 치앙마이

검푸른 가지마다
주렁주렁 매달린 망고
푸르디푸른 열매는 햇살을 모으고
침묵처럼 익어
사람들의 입맛을 다시게 한다

그러나 그 푸른 시절은
빛나되 쓰고 단단하되 거칠어
아무도 손대지 않던 시간이었다
뜨거운 태양과 천둥번개
비바람의 거친 손길을 견딘 끝에
비로소 달콤함을 품게 되는 망고처럼

인간도 그렇다
철없던 날들의 푸름을 지나
고통과 기다림의 계절을 건너야

비로소 누군가의 기억에

익은 향기로 남는다

상추쌈

아삭아삭
햇살을 삼킨
뜨거운 나라의 초록 잎 하나

상추 펼치고 쑥갓 몇 줄기
알싸한 마늘 한 조각
구수한 된장 한 점
따끈한 밥 한술

한 입 볼 터질 듯
입안 가득 찬 욕심
눈치 보지 말고, 한 쌈 더
눈 흘김은 그냥 오해일 뿐

입안 가득 퍼지는 상추 향기
장맛과 밥 마늘이
한데 어우러져
서로를 감싸는 순간

그 맛은
인생살이 닮았구나
때로는 맵고 짜고
가끔은 울고 웃는
인생의 뒷맛처럼

땀으로 물든 저녁
한 쌈, 또 한 쌈
허기진 마음에 얹는 소박한 위안
아삭한 상추쌈

나는 오늘 어떤 쌈을 싸며 살았는가
그 쌈 안에 누구와 어떤
감정이 함께 있었는가

달력 1

열두 장 중
달랑
한 장만 남았네

짧은 한 장에
무얼 남길까
무얼 남기지

그저 찢겨 잊히게
그냥 둘까

달력 2

새 달력이 왔다
책상 앞에 걸어두고
설렘 가득한 마음으로

1월부터 12월까지
모두 넘겨본다

한 장 한 장마다
다른 느낌
새로운 다짐으로 채운다

이 달력 속
나의 하루들이
빛날 수 있도록.

눈송이

하얀 눈이 쏟아진다
한 해의 마지막 날

휘날리는 눈발 사이로
너의 그림자 어른거린다

눈송이처럼 부드럽고
정겨운 얼굴

소리 없이 포개지는 기억 위로
애틋함이 쌓이고

가는 세월만큼이나
그리움도 더해간다

눈 내리는 아침

밤새 눈이 내려
창밖이 조용합니다
하늘과 땅이
말없이 서로를 덮고 있네요

구름은 짓궂게
해를 감추고 당신을 가렸네요

그리움은 눈처럼 쌓여
어제는 먼 그림자 되어 멀어져 가요

지금은 무엇을 하실까
나처럼 눈을 보며
누군가를 떠올리고 있나요

구름은 바쁘지도 않은지
느릿느릿 흘러갑니다

눈꽃 연가

그대여, 간밤에 흰 눈이
내렸나이다
우리가 잠든 사이
밤의 속삭임처럼 고요히

눈꽃들이 바람을 타고
우리의 꿈속 위에
소복이 내려앉았나이다

그대여, 이 눈 속에 담긴
이야기는
아침이 밝아와도 사라지지 않을
우리 사랑의 영롱한 흔적이리다

눈(雪)

옥상에 쌓였던
새하얀 기억들이
밤새도록
토닥토닥 떨어진다

가만히 귀 기울여 보니
그 소리는
너를 떠나보낸

내 안에서
녹아 흐르는
그리움의 눈물이었네

보르네오섬 파도

층층이 겹친 구름이
저녁 빛에 젖는다

썰물에 드러난 하얀 모래는
활주로처럼 끝없이 펼쳐진다

맨발이 닿는 그곳
미지근한 모래 결이 발끝을 감싸고
파도는 철석이며 너의 이름을 부른다

들릴 듯 말듯
붉게 번지는 바다 위로
윤슬이 흘린 노을의 체온

코코넛 향 섞인 남태평양 해풍이
낯선 위로처럼
내 살결을 스쳐간다
지워지지 않는 그 날의 너처럼

3부 붉은 노을

14번 홀 그늘 집 1

바다에 닿을 듯 아스라이 걸린
조각품 같은 아름다운 집 한 채

붉은 벽돌과 새하얀 기둥
넓은 통유리창에 바다가 한눈에 담긴다

야자수 그늘 드리운
옥상 테라스에 서면

남태평양의 푸른 파도가
땀에 젖은 온몸을 식혀주고

하늘과 바다를 붉게 물들이는 노을은
황홀한 경지로 이끈다.

이곳은 단순한 쉼터가 아니다
낭만이 숨 쉬고, 추억을 심는 곳
보르네오CC

14번 홀 그늘 집 2

열대의 저녁바람 맞으며 잔을 기울인다
황금빛 맥주잔 속 녹아든 석양 한 모금
낯선 곳에서 마주한 익숙한 얼굴들
여유로운 웃음소리

14번 홀 파3
바닷바람에 실려 모래밭으로
날아간 골프공처럼
우리들의 웃음도 허공에 흩어진다

그러다 문득 떠오르는
그리운 얼굴 하나
파도처럼 밀려오는 추억이 가슴을 적신다

십자성 빛나는 밤
이 순간 또한 언젠가는
또 하나의 그리움 되리라

아지랑이

야자수 잎 사이로
달빛이 흐르고 추억이 밀려온다

담을 기억보다
흘리는 추억이 더 많을 진데

훗날에도
너는 내 눈에 어리는 아지랑이일까

훗날
먼 훗날에도
네 얼굴 떠오르면 잠 못 드는 별이 될까

보르네오섬 한편
달빛 내린 야자수 잎사귀에
고이고이 이슬이 맺힌다

나뭇잎

앙상한 가지에
꽃비가 내리더니

어느새 푸른 옷으로
겹겹이,

또다시 룰루랄라
울긋불긋

그것도 귀찮아 훌러덩
벌거숭이

이렇게 두어 번 부스럭거리니
한 해가 훌쩍

나뭇잎 피고 지듯
세월은 눈에 보이게 흘러간다

낮달

달랏의 파란 하늘 위에
가볍게 뜬 구름
그 사이로 낮달이 보인다

햇살에 묻혀도 사라지지 않고
어딘가를 응시하듯

보이지 않는 순간에도
여기 있음을 증명하려는 걸까

굳이 이 시간에 떠있는 이유를
나는 알 듯 하다가도 모른다

보인다는 것과 존재한다는 것
그 어렴풋한 경계에서
낮달은 조용히 흐른다

기다림

담에 봐요
그 한마디에

모기가 극성부리던
그날도

오색찬란한 단풍의
유혹에도

앙상한 가지 끝에 내려앉은
달빛을 보면서도
거뜬히 참고 기다렸다

또다시 꽃그늘에 앉아
담에 봐요
그 한마디 되새긴다

달빛 아래

조용한 밤
너를 떠올리면
달빛이 창가에 머물고

고요 속에 숨소리가 들린다
사랑은 말없이 피는 꽃이었고
그리움은 떨리는 잎새였다

스쳐간 계절은
기억의 강을 만들고
그 강을 따라 네 이름이 흐른다

한줄기 바람에도 내 마음 흔들리고
한 조각 달빛에도 네 얼굴이 떠오른다
그래도 좋다 이 모든 것이 너였으니

그 사람

음, 뭐해
톡 기다릴까 봐
먼저 톡 해주는 고마운 사람

잠들기 전에
내 마음을 물들이고
눈 뜨자마자
제일 먼저 생각나는 사람

내 곁에 없는 순간에도
곁에 있는 듯
온기를 전해주는 사람

그런 그 사람은
지금 어떤 마음으로
나를 떠올릴까

그녀의 눈

눈이 커서
더 많은 것을 보는가 보다

눈이 깊어서
더 많은 것을 담는가 보다

눈이 맑아서
나의 투정도 허물도
그 고운 눈빛으로
다 감싸주는가 보다

나보다 더 큰 눈을 가진
나의 여인

그대는 꽃잎

살랑 봄바람에
가지 끝이 뭉텅 커지더니

하루가 다르게
꽃잎이 피어나고

하루가 다르게
꽃바람도 깊어지네

꽃바람 커지듯 설렘도
내일은 무슨 꽃으로
그대, 내게 오실까

그리움 하나

고요히 내리는 빗소리에
단풍 한 조각
바람에 밀려 등을 돌린다

아스팔트 위
젖은 잎새 제 그림자를 이고
묵직하게 내려앉는다

똑똑, 창을 두드리는 빗소리
그리움 하나 날아들고

묵은 서랍 속 편지처럼
묻혀 있던 이름들
물결도 없이 내 안에 흐른다

동반자

같은 코스, 같은 날씨
흰머리처럼
쌓여가는 시간 속에
우리는 언제나 함께 걸었지요

인생이라는 긴 라운드에서
벙커도 해저드도
당신 없이
쉽게 지나지 못했을 테지요

스코어카드는
기억 저편으로 잊혀도
당신과 나눈 발자국만은
페어웨이보다 푸르게 남습니다

우리
남은 홀도
멋지게 걸어가요

당신은

인생이라는 코스에서

단 하나뿐인

나의 동반자입니다

달빛 스민 그리움

그리운 사람이
그리운 밤입니다

달그림자 깊은 밤이면
더욱 그립습니다
잠이라도 들면
그리움이 채워질까요

타는 목마름에
물 한 모금 적시듯
그리움을 달래려 눈을 감는다

4부
시간은 가도 그대는 남는다

칠순의 바람

북한산 인수봉
하늘에 걸린
하얀 구름 조각들.

어디서 떠밀려 왔을까
무엇을 품고
여기까지 왔을까

또다시 바람에 실려
형상도 뜻도 없이 떠돌다
어느 산기슭에 쉬어 가려나

칠십 겹의 세월 속에
웃음 반 눈물 반
굽이마다 사연을 묻고.

이제는
내려놓아도 좋을 짐들
사뿐히 벗어놓고
황혼빛에 젖은 산자락을 따라
유유자적 흐르고 싶어라

가벼운 숨결처럼
바람에 실린 구름처럼

천사 꽃

이런 꽃 보셨나요
계절 없이
아름답게 피어나는 꽃

눈을 감아도
고운 미소처럼
살며시 피고

눈길만 스쳐도
환하게 웃는

우리 집
작은 보금자리
사철 피어 있는 꽃

나는 이 꽃을
천사 꽃이라 부릅니다
그대,
당신이니까요

당신의 매력

당신은 모릅니다
당신의 미소가 봄꽃처럼 피어
무심한 내 하루를
환히 밝힌다는 걸

당신은 모릅니다
작고 여린 입술이 바람을 스칠 때
내 심장이
속삭이듯 떨린다는 걸

당신은 모릅니다
향기 두른 당신의 눈빛
스쳐가는 손길 하나에
내 마음이
사랑으로 젖는다는 걸

오직, 당신만이 모릅니다

가을 하늘

파란 하늘
참 곱구나

하얀 구름은
쪽빛 물든 화선지 위에
너를 그리다
바람결에 스미듯 이내 사라진다

갈바람에 물든 잎새
가을 노래 흥얼거리며
내 마음을 가만히 흔들고

잊은 줄 알았던 너의 음성
하늘 저편으로 사라진
한 조각 그림자를 다시 불러본다

코로나19

활짝 핀 꽃잎에
벌 나비 춤을 추고

연초록 나뭇잎 사이로
온갖 새들도 짝을 지어
숨바꼭질 즐거운데

코로나에 발목 잡혀
일상(日常) 잃은 신세 되니

그리움에 허기지고
보고픈 사람 지척에 두고
눈속에만 그려본다

해인사 홍류동 계곡
 - 소리 길 -

바위는 오래된 침묵에 젖어 있고
물은 쉼 없이 흐른다
천년 숲길을 따라 걷노라면
바람 소리, 합장하듯 스쳐간다

잎새 사이로 스미는 바람
염불처럼 마음을 두드리고
새소리 먼데서 날아와
잊고 지낸 이름을 부른다

바위에 걸터앉아
문득 떠오르는 어린 시절
차가운 물살에 발 담그고
소리치며 놀던 기억에 잠시 눈을 감는다

소리 없이 흐르는 계곡물 따라
추억이 흐르고
내 안의
숨소리도 맑아진다.

입술

입술은
보이지 않는 마음이
첫걸음 내딛는 문턱입니다

당신의 입술은
고운 마음이 앉아 있어
그 자체로 아름다워요.

그 입술에 피어나는 말은
은은한 향기 되어
내 귀에 꽃처럼 맺히고

방긋 웃는 그 입술은
어떤 색조보다
더욱 빛난답니다.

까치집

까까악 까까악
아침 창밖이 소란하다

까치 두 마리
아파트 화단 큰 나뭇가지
높은 곳에 집을 짓는다

부러진 가지, 비닐 조각, 노끈
버려진 일상의 잔해들을
이것저것 물어다 차곡차곡 둥지를 튼다

힘겹게 지은 보금자리에
알을 품고 부화하고
새끼가 날개를 펴면

까치들은 훌쩍 떠난다
영원히 살 것처럼 튼튼히 지어 놓고도
뒤돌아보지 않는다

내년 이맘때쯤이면
어딘가에서
새 둥지를 짓겠지

까까악 까까악
떠남도 삶의 일부임을
까치들은 아는 듯

사랑을 아는 당신

사랑한다는 말은 서툴러도
가슴속 깊이 전해지는 그 마음은
별빛으로 까만 밤하늘을 채우듯
허전한 내 가슴을 가득 채웁니다

손끝으로는 당신을 만질 수는 없지만
현해탄 물결 위에 은하수 다리를 놓아
오늘 밤, 미소 머금은 당신을
고요히 맞이하렵니다

- 일본 여행 중에서

꽃샘추위

3월 18일 아침

밤사이 나뭇가지마다
봄꽃 대신 눈꽃이 피었다

그렇게 떠나기가
아쉬웠을까

연둣빛 봉우리를 틔운 목련
하얀 눈 속에 갇혀 속삭인다

"내가 무슨 죄가 있느냐고"
그저 피어날 때를 기다렸을 뿐인데
눈보라가 앞을 막아선다

그러나 시간은 흐르고
눈꽃은 이내 녹아 사라지리니
목련은 다시 고개 들 것이고
봄은 마침내 내 앞에 펼쳐지리라

꽃잎 진자리

봄바람에 꽃비가 내린다
하늘도 잠시 눈시울 붉히고

꽃잎 떠난 자리엔
연둣빛 여린 잎새가 돋아
바람결에 마음인 듯 흔들린다

나뭇가지 끝마다
삶의 선율이 다시 흐르고

지나감을 슬퍼하지 않으리
봄이 졌다는 말 대신
연둣빛 잎새로 머무른다

꽃잎에 맺힌 이름

가네 가네
봄이 가네
사랑도 가네

꽃잎에 맺힌 사연
홀로 두고
그대는 떠나네

가는 봄은
다시 오마
기약하건만,

저무는 하늘 아래
떨어지는 꽃잎처럼
그날의 웃음마저
희미한 그림자되어 흩어지네

꿈이로구나

요즘 부쩍 네가
자주 찾아온다
스산한 바람 때문인지
길 위에 뒹구는 세월 때문인지

아니야 그리움이겠지

전엔 꿈속에서도
꿈 인줄 몰랐는데
이제는 너를 보면

아, 꿈이로구나

그 순간 눈을 뜬다
아쉬움으로

나는 병, 드는 병

바람은
창밖에서 들고

그리움은
안에서 난다

감기
났다고 하지 않고

위장병은
든다고 하지 않는다

드는 병은 몸이 알고
나는 병은 마음이 안다

결국
몸도 마음도 다 안다

너의 걸음으로

아들아
늦었다는 생각에
뛰지 마라
서둘다 보면
넘어질 수 있단다

조급한 마음은
세상의 소중한 것을
놓치게 하니
잠시 숨을 고르고
앞뒤를 살펴 보거라

그리고
지금 너의 걸음으로
너만의 시간을 살거라

다만 게으르지 말고
정성껏 살아가거라

한계

딸아
누구도 너의 한계를
정하게 두지 마라

사회에 첫발을 내딛는
그 자리

단지 '쓰임'의 의미에
너 자신을 가두지 마라

한계를 긋는 순간
성장은 멈춘다

더 멀리 더 높이
네가 가야 할 길은 무궁하다

그립습니다

동이 틀 무렵
늙은 소 앞세우고
쟁기 지고 논으로 나서시던
아버지가 그립습니다

막걸리 한 사발에
콩나물국 한 숟가락
이마의 땀방울 닦아내시던
그 손길이 그립습니다

달빛에 젖은 논둑 길
늙은 소 벗 삼아
집으로 오시던
그 모습이 그립습니다

흰 고무신에
모시 두루마기 여며 입고
제사 장 보러 나서시던
그 걸음이 그립습니다

꽃샘추위가 스며들면
올 농사 어찌 될지
걱정하시던
그 목소리가 무척 그립습니다

기억 속의 고향

샛노란 감꽃이 필 때면
감 꽃목걸이하고 놀던
단발머리 순이

하굣길에 책가방 던져두고
닭싸움에 웃음꽃 피우던
개구쟁이들

꼴망태 짊어지고
소 먹일 풀 찾아 산과 들을
누비던 유년의 하루

해 질 녘이면
마을을 감싸던 밥 짓는 연기
한 폭 그림처럼 퍼지곤했지

마당 끝에 모깃불 피워놓고
평상에 누우면 별빛 속에서
들려오는 할머니의 옛이야기

그립고도 또 그리운 풍경들
이제는 다시 볼 수 없는 추억되어
백발 속에 아련히 머문다.

고향의 2월

겨울이 떠나기 싫어
몸을 떨며 버티는
2월의 끝자락

그토록 사나웠던 텃밭의 잡초들도
땅과 몸을 맞댄 채
조용히 누워있고

집 나온 고양이
추위에 몸을 잔뜩 웅크리고
떠날 듯 말 듯 멍하니 눈만 깜빡인다

시린 손 호호 불며
김장독에서 김치를 꺼내시던
어머니의 뒷모습이 아른거린다

열두 달 중
사흘을 덜 가졌지만
살을 에는 칼바람은 달들의 맏형 같다

모내기 날의 기억

집집마다 두레 짜고
오늘은 우리 논 모내기 날
이른 아침 모판에서 모를 찌고
물안개 피어나는 논바닥에 맨발을 담그면
흙 내음이 체온처럼 스며든다
열댓 명의 등이 줄지어 굽는다
손끝에서 떨리는 연둣빛 새순들,
한 줄, 또 한 줄, 묵묵히 논바닥에 내려앉고
누군가 툭 던진 너스레 한마디
바람처럼 논두렁을 스치고 허리를 펴
하늘을 올려다본다

새참은 삶은 국수 한 그릇, 걸쭉한 막걸리 한 사발
속으로 알싸하게 퍼져간다
다시 줄을 맞춰 빈 논을 채우는 손길들
한 해의 농심을 심던 그날의 햇살처럼 지금도 눈부시다
다시는 돌아올 수 없는 추억이 되었건만
이따금 내 마음 한켠에도 모를 심는다

하늘공원 억새

끝없이 펼쳐진 푸른 허공에
철새는 날개를 펴 힘차게 솟구친다
억새는 은빛 날개를 가만히 흔든다
바람은 스쳐 지나갈 뿐
억새는 그 자리에서 고요히 빛난다
흔들림 속에도 고요함이 깃들고
떠남 속에도 머무름이 있다

은빛 물결 사이로 시간은 잔잔히 흐르고
억새는 아무 말 없이 그곳을 지킨다
사람들이 고향을 떠나가도 자식이 부모 곁을 떠나가도
고향과 부모는 그 자리를 지키듯
억새도 철새들이 수시로 오고 가도 그 자리에서
또 다른 만남을 기약하는 듯하다

텃밭의 연가

유월, 뜨거운 햇살 아래
감자순은 무성히 자라
흰빛, 자줏빛 꽃들이 피고
텃밭은 어느새 작은 정원.

"꽃은 예쁘다만
따줘야 감자알이 굵어진단다."
어머니의 말씀 따라
낫 끝에 꽃잎이 스러진다.

한 줌 바람에 흩날린 꽃들
텃밭엔 어머니의
굵은 땀방울만 남고.

그 땀방울에 가려진
어머니의 고운 얼굴은
지금도 내 기억 속에
그리운 정원처럼 피어난다

길에게 길을 묻다

낯선 바람이 등을 밀던 날
한걸음 멈춰
지나온 길에 물었다
너는 나를 기억 하느냐고

햇살에 지친 그림자 하나
내 곁에 누워 속삭인다
"기억은 걷는 이의 몫이야"

그래
눈물 한 방울, 웃음 한움큼
모두 내 발끝에서 피어났고
그 흔적이 바로 너였구나,
길이었구나

길은 찾아가는 것이 아니라
묻고 또 묻다 보면
어느새 처음 걷는 곳에 닿는 것

어쩌면 우리는 지금
그 길을 향해
조용히 그러나 뜨겁게
걷고 있는지도 몰라

가는 길에 오늘도
가슴속 그리움 하나 꺼내어
한걸음, 또 한걸음
길 위에 올려놓는다

어머니의 세월

동백꽃 지고
매화꽃 피어나니
살구꽃이 어리네

하늘 따라 구름 흐르고
구름 따라 세월 가니
어느새 봄은 저만치 가네

세월 베고 누운 집
장독대를 벗 삼고
장독 위 봄 햇살은
옛이야기 속삭이네

홀로 계신 어머니는
지팡이를 벗 삼으시고
마루 끝에 앉으셔서
먼산을 오래 바라보신다

그 산 너머
내가 있음을 아시기에
말없이도
그저 기다리시네

꽃 피고 지는 사철 속에
어머니의 세월도
그렇게 그렇게
흘러간다

어머니의 대추나무

햇살 좋은 봄날
어머니는 구부정한 허리로 삽을 들고
마당을 둘러보고 계셨다.
"어머니 뭐 하시려고요?"
"나무 심을란다."
성가시다는 듯 짧게 대답하셨다.
"갑자기 무슨 바람이 불어서 나무를 심는대요?
무슨 나무 심으실 건데요?"
"대추나무 심을 거여,
느이 새끼들 오면 따 묵으라고.
제사상에도 올리고 배고플 때 요기도 되고
사람 몸에 그리 좋단다"
말씀은 퉁명스럽게 하셨지만 따스함이 느껴졌다.

어머니는 아버지와 억척스럽게 농사를 지어
우리 육 남매를 키워 모두 출가시키시고
손주 열둘의 할머니가 되신지 오래다.
자식한테는 엄격했던 어머니셨지만

손주들에게는 항상 인자한 모습이셨다.
내리사랑이랄까,

자식들에게는 먹고살기 고단해서 베풀지 못했던 사랑을
손주에게 주고 싶으셨을까,
잠든 손주 머리를 쓰다듬으시며 '내 강아지' 하시던
그 모습이 눈에 선하다.
그때 그렇게 심었던 대추나무는 어른 키만큼 자랐고
어머니는 대추가 열리기도 전에 눈에 넣어도
안 아프다는 손주 열둘을 남기시고 하늘나라로 가셨다.

어머니의 기일을 맞아 온 가족이 고향 집을 찾았다.
마당 끝에 서 있는 대추나무가 어머니 대신
우리를 반겨 준다.
대추나무에는 토실토실한 대추 알이
가지가 부러지도록 달렸다.
어머니의 사랑으로 잘 익은 대추를
손주들은 맛있게 먹으며

텃밭에서 감자 캐던 일,
개울에서 물고기 잡다 거머리에 물려 울었던 일이며
소소한 할머니와의 추억을 되새기며
시간 가는 줄 모른다.

내년에도 후년에도 손주들은 대추를 먹으며
할머니를 그리워하겠지요.
어머니는 이런 손주들의 모습을 떠올리시며,
대추나무를 심으셨을까,
까만 밤하늘에 어머니 모습 그려봅니다.
보고 싶은 내 어머니!

4부 시간은 가도 그대는 남는다

지진의 공포

2025년 3월 28일,
태국 치앙마이에서 골프 라운드를 마치고
숙소에서 잠시 휴식 중이었다.
그때, 갑자기 건물이 흔들렸다.
바깥을 내다보니 수영장 물결이 심하게 출렁인다.

지진이다.
전기가 끊기고 승강기는 멈췄다.
건물이 붕괴할까 두려워 사람들은 필사적으로
계단을 내려가 건물 밖으로 뛰쳐나왔다.
혼비백산 대피하느라 누군가는 핸드폰 대신
TV 리모컨을 꼭 쥔 채 나와,
공포와 실소가 뒤섞인 상황이 벌어졌다.

사람들이 모여 웅성거리던 그때,
노부부 한 쌍이 창백한 얼굴로
건물 밖으로 나오셨다.
갑자기 멈춰선 엘리베이터에 갇혀 있었단다.

핸드폰은 터지지 않고
비상벨도 수없이 눌렀지만
응답이 없었고 목이 아프도록 소리쳤지만
아무도 듣지 못했다.

그 두 분의 심정은 과연 어땠을까,
가히 상상조차 어렵다.
땅속 깊은 곳에서 터져 나온 파동은
예고 없이 우리의 삶을 송두리째
흔들 수 있다는 생각에
아찔함이 뇌리에 박힌다.

머나먼 이국땅에서 맞닥뜨린 지진은
무엇을 해야 할지
알 수 없는 혼란을 안겨주었다.
여진이 계속된다면 어떻게 하지?
큰 사고라도 당하면 어쩌지,
아직 10일이나 남은 모든 일정을 포기하고

귀국해야 하나
수많은 생각으로 머릿속은 복잡하다.

불안감을 더한 건 멀지 않은 미얀마에서
동시에 발생한 대규모 지진 소식이었다.
수백 명의 사상자와 무너진 수많은 건물,
뉴스 속 화면은 내 마음을 더욱 불안하게 만들었다.

다행히 여진은 없었다.
격렬하게 뛰는 심장을 다독이며
건물에 균열이 없는지를 확인하고 나서야
비로소 조금의 안도를 내쉴 수 있었다.
우리는 다시 평온을 되찾았지만
흔들렸던 그 순간의 기억들은
한동안 깨어 있을 것이다.

삿갓의 비극

55년 전 국민학교 6학년 여름 지금도 기억이 생생하다.
그날도 또래의 아이들과 소 풀 먹이러 뒷산으로 갔다.
소들이 자유로이 풀을 먹을 수 있도록 고삐를 풀어 놓고.
여자아이들은 공기놀이를 남자아이들은
메뚜기와 여치를 잡으며 놀고 있었다.
갑자기 시커먼 먹구름이 몰려오더니
폭우가 쏟아지며 코앞에서 번개가 연이어 쳤다.

하늘에서 울리는 천둥소리는 산이 무너질 듯 요란했다.
번개가 칠 때는 쇠붙이는 멀리하고 낮은 곳으로
피신하라는 어른들의 말씀이 떠올라
우리는 낮은 곳으로 뛰었다.
신기하게 소들도 낮은 곳으로 모여 사방을 경계하듯
엉덩이를 맞대고 번개가 번쩍일 때마다
머리를 치켜들며 괴성을 질렀다.
송아지는 위험을 느꼈는지 어미 소 다리 사이로
파고 들었고 우리도 서로 끌어안고
혼이 나간 듯 울고불고했다.

천둥번개가 지나가고 정신을 차려보니
여자아이 셋이 안 보였다.
꼭대기 놀던 자리에 가보니 아이들은
모두 쓰러져 있었고 그 옆엔 큰 삿갓 하나가 있었다.
비를 피하려고 셋이 같이 쓰고 있었던 것이다.
비를 막아주던 삿갓은 피뢰침이 되어
아이들 머리에 번개가 꽂히게 만들었다.
번개를 맞은 아이들 얼굴은 절반이 까맣게 탔다.
이름을 부르며 흔들어도 반응이 없었다.
한 아이는 입을 꼬물거리며 뭐라고 얘기를 하는 듯
하더니만 이내 숨을 거두었다.

천둥번개에 걱정이 되신 듯 마을 어른들도 올라오셨다.
어른들도 충격으로 사색이 되어.
"세상에 우째 이런 일이 생기노"
"비 피할라꼬 썼던 삿갓이 피뢰침이 된 것 같데이"
"머리핀이 번개를 불렀뿟네" 하시며
입고 있던 도랭이를 벗어 아이들을 덮으셨다.

한 아이 아버지는 아이를 끌어안고
"이 일을 우짜꼬 우짜꼬" 하시다 기절하셨다.
혼비백산한 우리들은 어른 등에 업혀 산길을 내려오고
나는 그 충격으로 며칠간 앓아 누웠다.
뜻밖의 엄청난 비극을 겪은 우리 마을 사람들은
그 후 오랫동안 슬픔에 잠겨 지냈다.
일흔을 바라보는 지금도 천둥번개가 심하게 칠 때면
나는 그때의 기억이 생생하여 트라우마에 시달린다.

별일 없이 산다

코로나로 일상 잃은 신세 되어 갈 곳도 마땅치 않아
오늘도 물 한 병 들고 집을 나선다.
걸어서 40여분이면 大母山 꼭대기까지 갈 수 있다.
스치는 사람이 많아 마스크를 착용하고
산꼭대기에 오르니 숨은 목에 차고 등짝과
가슴팍에 땀샘이 생겼다.

선선한 바람에 온몸 말리며 탁 트인 사방을 둘러본다.
해 뜨는 쪽 발아래 산자락에는
조선 3대 태종 23대 순조 왕의 헌릉과 인릉이 자리하고
고개 돌려 북쪽을 보니 시내 빌딩과 아파트들이
도토리 키 재기 하듯 경쟁을 한다.

그 숲 사이를 비집고 우뚝 솟아 오른 붓끝을 닮은
롯데 타워가 단연 돋보인다.
東에서 西로 흐르는 한강을 따라 강남과 강북으로
나눠지고 강북대로와 올림픽대로 위엔
차량 행렬이 꼬리를 문다.

멀리 아차산 용마산 수락산 도봉산 북한산이
병풍처럼 펼쳐지고
봉긋 솟은 인왕산 아래 파란색 기와집이 아늑해 보인다.
오늘 따라 도봉산 큰 바위가 선명하다.

높고 청명한 하늘을 보며
가을이 성큼 다가와 있음을 느낄 때
어디선가 가수 장기하의
별일 없이 산다, 는 노래가 들려온다.
그렇다 별일 없이 내일도 이 山을 오를 것이다.

별 하나

내 가슴에
별 하나 품고 산다면

그 별은
너이기를

그리고
내 마음속에
영원히 빛나는
나만의 별이기를

그 빛으로
언제나 내 길을 밝혀주기를

〈해설〉
윤태환의 삶과 작품세계

김용림(소설가)

　윤태환 시인의 이번 첫 시집은 일상의 찰나를 따뜻한 시선으로 포착하고 어루만져주는 시편들로 가득하다. 그 안에 그리움이 있고 기다림이 있으며 우리 모두의 기억 속에 머물던 소중한 풍경들이 마치 내 생각을 대신 속삭여주고 있는 것처럼 다가온다.

　비교적 늦은 나이에 시에 입문하여 삶의 후반에서 피워낸 이 시들은 그가 걸어온 시간만큼이나 깊고 너른 울림을 정서적으로 잘 표현하고 있다. 같은 동네 살며 오랫동안 지켜본 윤태환 시인은 글뿐만 아니라 음악에도 운동에도 소질이 많다. 색소폰 연주가 수준급이고 축구, 골프 등 스포츠맨이기도 하다. 윤태환 시인은 삶 그 자체가 바로 예술이다.

　또 사업을 하면서 바쁜 와중에도 라이온스 회원으로 봉사활동도 열심히 하는 마음이 참 따뜻한 사람이다. 시인은 세상을 바라보는 눈이 다르고 그 다름을 노래하고자 하는 마음이 있기에 시인이 된다. 그 마음을 한 줄 한 줄 엮어 한 권의 시집으로 세상에 내놓는다는 것은 삶의 가장 깊은 고백이자 아름다운 용기인 것이다.

  윤 시인은 건전한 생각을 품어서 마음으로부터 항상 건전한 시가 나오는 것 같다. 윤 시인의 시는 시집으로 발간하기도 전에 벌써 독자층이 많다.

  지금도 강남 대모산 데크길에 윤 시인의 시가 연중 전시되고 있다.

  강남이 땡겨요

허허벌판 위에 솟은 도시, 강남
논밭을 스치던 바람은 사라지고
이젠 빌딩 숲 사이로 자본의 바람이 스민다
직선으로 뻗은 테헤란로에
금융과 벤처의 심장이 뛰고
돈과 기회의 숨결이
끊임없이 흐른다
밤과 낮이 겹쳐진 거리
대낮처럼 밝은 불빛이 어둠을 밀어내고
각자의 꿈을 좇는 발걸음이
교차로 위에 얽힌다

K팝, 패션, 욕망의 뜨거운 열기 속에서
강남스타일은 세계를 물들이고
오늘도 나는 강남을 꿈꾼다

윤 시인은 아래의 시에서도 알 수 있듯이 행복한 가정을 이끌어가는 효자로, 애처가로, 자녀들에게는 존경받는 아버지다.

어머니의 세월

동백꽃 지고 / 매화꽃 피어나니 / 살구꽃이 어리네
하늘 따라 구름 흐르고 / 구름 따라 세월 가니 /
어느새 봄은 저만치 가네
세월 베고 누운 집 / 장독대를 벗 삼고 /
장독 위 봄 햇살은 / 옛이야기 속삭이네
홀로 계신 어머니는 / 지팡이를 벗 삼으시고
마루 끝에 앉으셔서 / 먼산을 오래 바라보신다
그 산 너머 / 내가 있음을 아시기에 / 말없이도 /
그저 기다리시네
꽃 피고 지는 사철 속에 / 어머니의 세월도 /
그렇게 그렇게 흘러간다

그리고 시를 읽다 보면 알겠지만, 정이 많고 따뜻한 사람이다.

그녀의 눈

눈이 커서 / 더 많은 것을 보는가 보다
눈이 깊어서 / 더 많은 것을 담는가 보다
눈이 맑아서 / 나의 투정도 허물도
그 고운 눈빛으로 / 다 감싸주는가 보다
나보다 더 큰 눈을 가진 / 나의 여인

날로, 달로 발전하는 서담 윤태환 시인님을 소개하게 됨을 영광스럽게 생각합니다. 또한, 윤태환 시인이 작가로의 첫 발걸음을 내딛는 이 순간을 작가의 선배란 자격으로서 문학을 함께할 수 있다는 것이 매우 기쁩니다. 윤 시인님의 첫 시집을 진심으로 축하합니다.